관찰과 체험은 과학을 배우고 이해하는 최고의 방법입니다!
어린이책 작가 **세실 쥐글라(Cécile Jugla)** 역시,
이런 생각으로 요리조리 사이언스키즈 시리즈를 기획했어요.
이 시리즈에는 지금껏 몰랐던 흥미진진한 사실이
한가득 담겨 있어요.

프랑스 파리의 어린이과학박물관
시테 데 장팡(Cité des enfants)을 설립하고,
파리 과학문화센터 팔레 드 라 데쿠베르트
(Palais de la Découverte)의 관장을 지낸
잭 기샤르(Jack Guichard)는 중요한 과학 이론을
누구나 알기 쉽고 생생하게 설명하고자
늘 고민하고 있습니다.

삽화가 **로랑 시몽(Laurent Simon)**은
어린이와 청소년 책에 들어가는 그림을 그려요.
이따금 이런 책에 글을 쓰기도 해요.
과학책이나 생활에 유익한 책에 그림을 그릴 때가
가장 행복하다고 해요.

옮긴이 **김세은**은
중앙대학교 불어불문학과를 졸업하고,
현재 번역 에이전시 엔터스코리아에서
출판기획자 및 전문번역가로 활동하고 있어요.

달걀이 데굴데굴

초판 1쇄 인쇄 2020년 12월 1일   초판 1쇄 발행 2020년 12월 7일

글 세실 쥐글라, 잭 기샤르   그림 로랑 시몽   옮김 김세은

펴낸이 이상순   **주간** 서인찬   **편집장** 박윤주   **제작이사** 이상광
디자인 유영준   **마케팅홍보** 신희용   **경영지원** 고은정

펴낸곳 (주)도서출판 아름다운사람들   **주소** (10881) 경기도 파주시 회동길 103
대표전화 031-8074-0082   **팩스** 031-955-1383   **이메일** books777@naver.com
ISBN 978-89-6513-623-1 77400

La science est dans l'œuf
© 2019 Editions NATHAN, SEJER, 25 avenue Pierre de Coubertin, 75013 Paris, France.
Korean Translation © BeautifulPeople 2020 All rights reserved.
This translation of La science est dans l'œuf is published by arrangement with Nathan through
KidsMind Agency, Korea.

이 책의 한국어판 저작권은 키즈마인드 에이전시를 통해 Nathan과 독점 계약한 (주)도서출판 아름다운사람들에 있습니다.
신 저작권법에 의해 한국 내에서 보호를 받는 저작물이므로 무단전재와 복제를 금합니다.

이 도서의 국립중앙도서관 출판예정도서목록(CIP)은 서지정보유통지원시스템(http://seoji.nl.go.kr)과
국가자료종합목록구축시스템(http://kolis-net.nl.go.kr)에서 이용하실 수 있습니다. (CIP제어번호 : CIP2020046115)

달걀이 데굴데굴

글 세실 쥐글라, 잭 기샤르 **그림** 로랑 시몽 **옮김** 김세은

아름다운사람들

차 례

8   달걀의 요모조모 알아보기

10   달걀은 어떻게 병아리가 될까?

12   달걀이 이렇게 힘이 세?

14   달걀 껍데기에 구멍이 있다고?

16   신선한 달걀 고르기

18   달걀을 맛있게 삶으려면?

20 빙글빙글 춤추는
    달걀의 원리는?

22 달걀을 식초에 담그면?

24 들썩들썩, 병 위에서
    튀어 오르는 달걀

26 달걀노른자로 마요네즈 만들기

28 달걀흰자로 머랭 치기

달걀의 요모조모 알아보기

냉장고를 열어 보니 달걀이 들어 있어요.
가까이서 자세히 살펴볼까요?

어떤 모양인가요?

네모 동그라미 길쭉한 동그라미 세모 복잡한 모양

정답: 길쭉한 동그라미

무슨 색깔인가요?

연한 갈색 초록 바탕에 노란 점 보라색 흰색과 검은색 줄무늬 흰색 밤색

정답: 연한 갈색, 흰색, 밤색

얼마나 무거운가요?

떠먹는 요구르트 한 통 키위 한 알 생수 한 병

정답: 키위 한 알

달걀의 색깔은 닭의 품종과 닭의 먹이에 따라 다르답니다. 청록색 달걀도 있어요!

달걀 껍데기에 10자리의 숫자랑 알파벳이 찍혀 있죠?
이걸 보면 달걀이 어디서 왔는지 알 수 있어요.

<mark>맨 앞 4자리</mark>는 어미닭이 달걀을 낳은 날짜예요. (3월 22일)
<mark>가운데 5자리</mark>는 어미닭이 달걀을 낳은 농장의 번호예요. (AB34C)
<mark>마지막 1자리</mark>는 어미닭이 어떤 곳에서 자랐는지 알려줘요. (1~4)

1 매우 자유로움: 어미닭이 탁 트인 농장에서 자유롭게 다닐 수 있어요.
2 조금 자유로움: 어미닭이 닭장 안팎을 자유롭게 다닐 수 있어요.
3 조금 갑갑함: 어미닭이 넓은 닭장에 갇혀 지내요.
4 매우 갑갑함: 어미닭이 비좁은 닭장에 갇혀 지내요.

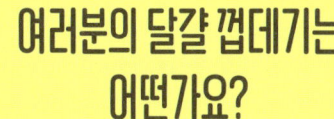

여러분의 달걀 껍데기는 어떤가요?

- 단단해요.
- 매끄러워요.
- 말랑말랑해요.
- 끈적거려요.
- 깃털이 묻어 있어요.
- 말라 있어요.
- 오돌토돌한 돌기들이 나 있어요.
- 지푸라기가 묻어 있어요.

참 잘했어요. 이제 달걀과 가까운 사이가 됐어요.
어서 다음 페이지로 넘겨 달걀에 관해 더 많이 알아봐요!

달걀은 어떻게 병아리가 될까?

접시 위에 달걀을 깨뜨려 볼까.

달걀 속껍질을 뜯어 봐. 재밌어!

공기주머니를 터뜨리니까 바람이 빠져나와.

슈욱~

오, 신기해!
굴 껍데기를 곱게 갈아 암탉한테 먹이면 껍데기가 아주 단단한 달걀을 낳아요!

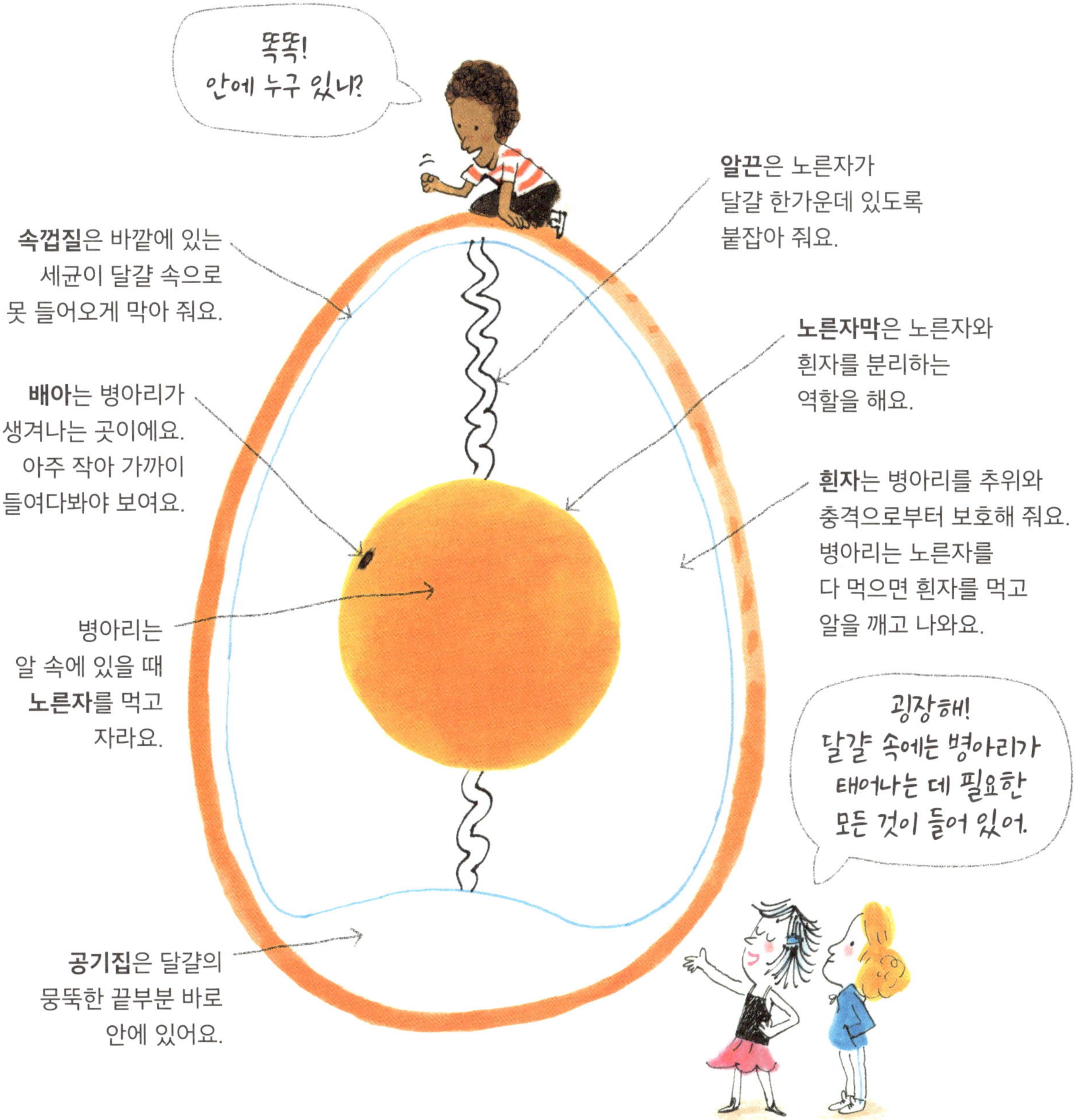

똑똑! 안에 누구 있니?

속껍질은 바깥에 있는 세균이 달걀 속으로 못 들어오게 막아 줘요.

배아는 병아리가 생겨나는 곳이에요. 아주 작아 가까이 들여다봐야 보여요.

병아리는 알 속에 있을 때 **노른자**를 먹고 자라요.

공기집은 달걀의 뭉뚝한 끝부분 바로 안에 있어요.

알끈은 노른자가 달걀 한가운데 있도록 붙잡아 줘요.

노른자막은 노른자와 흰자를 분리하는 역할을 해요.

흰자는 병아리를 추위와 충격으로부터 보호해 줘요. 병아리는 노른자를 다 먹으면 흰자를 먹고 알을 깨고 나와요.

굉장해! 달걀 속에는 병아리가 태어나는 데 필요한 모든 것이 들어 있어.

★ **달걀 속에 병아리가 없다면?**
수탉의 도움 없이 암탉 혼자서 낳은 무정란(수정되지 않은 달걀)이기 때문이에요!

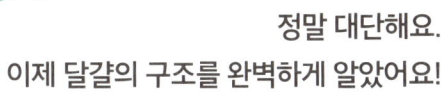

정말 대단해요.
이제 달걀의 구조를 완벽하게 알았어요!

달걀이 이렇게 힘이 세?

달걀판 가운데 뾰족한 부분을 자르자.

쏙쏙

달걀 껍데기는 왜 강한 힘을 받아도 깨지지 않을까요?

 달걀 껍데기는 가벼워요. 각설탕 한 조각 무게(약 3g)밖에 안 되죠!

 달걀 껍데기는 **석회질 결정**이라고 하는 아주 고운 알갱이로 이루어져 있어요. 이 알갱이들이 한 덩어리로 뭉쳐 있죠. 달걀의 한쪽 끝을 보면 이 알갱이들이 모여 둥근 천장 모양을 하고 있어요.

오, 신기해!
바닥에 달걀을 깔아 놓고 몸무게가 117kg이나 나가는 사람이 걸어갔는데 달걀이 하나도 안 깨졌대요.

다리의 둥근 부분이 무거운 돌들을 너끈히 떠받치듯이 달걀도 이 둥근 천장 덕분에 큰 힘을 받아도 깨지지 않아요.

정말 똑똑해요!
달걀처럼 생긴 물체는 큰 힘을 받아도 깨지지 않는다는 사실을 알아냈어요.

달걀 껍데기에 구멍이 있다고?

공기는 정말로 달걀 껍데기를 통과할까요?

날달걀을 하나 가져와서

숟가락에 얹은 다음 뜨거운 물이 담긴 유리잔에 넣어.

와, 달걀의 뭉툭한 쪽에서 뽀글뽀글 공기 방울이 나오고 있어!

달걀 속에 있는 공기주머니에서 나온 공기 방울들이에요.

공기 방울은 왜 공기주머니 밖으로 나올까요?

열 때문이에요. **공기**를 이루는 작은 알갱이들은 열을 받으면 부피가 커져서 공기주머니 안이 비좁아져요. 그래서 알갱이들이 달걀 껍데기 구멍을 통해 밖으로 나오는 거예요.

실험하는 데 선수가 됐네요! 달걀 껍데기에 구멍이 많다는 사실을 실험을 통해 직접 확인했어요.

신선한 달걀 고르기

오래된 달걀은 왜 물에 뜰까요?

시간이 흐를수록 달걀흰자는 수분을 잃어 점점 작아지고 공기주머니는 점점 커져요.

공기주머니가 커질수록 달걀의 뭉툭한 부분이 가벼워져서 누워 있던 달걀이 똑바로 일어나게 돼요.

그러다 공기주머니가 아주 아주 커지면 달걀이 물보다 가벼워져서 물에 뜨게 돼.

• **아르키메데스의 원리**는 물은 물체를 아래에서 위로 띄우는 힘인 부력을 갖고 있다는 원리예요. 부피에 비해 물체가 무거우면 가라 앉고, 부피에 비해 물체가 가벼우면 떠올라요.

이제 여러분은 그 어렵다는 '아르키메데스의 원리'를 이해했어요. 오래된 달걀이 왜 물에 뜨는지 알겠죠?

달걀을 맛있게 삶으려면?

냄비에 물이 팔팔 끓으면 달걀 3개를 넣고 삶아 보자.

제가 타이머로 시간을 잴게요.

3분 뒤: 덜 익은 달걀

노른자와 흰자 모두 흐물흐물해요.

달걀은 어떻게 익을까요

흰자는 실온에서는 수분이 많아 **액체** 상태로 존재해요. 아주 작은 알갱이도 있는데 이 알갱이들은 따닥따닥 붙어 있어요.

우리가 이겼어!

이 알갱이들은 열을 받으면 그물 모양으로 흩어져 수분을 꽁꽁 가둬 버려요. 흰자는 **고체**로 바뀌고 시간이 더 지나면 단단해져요.

5분 뒤: 반쯤 익은 달걀

노른자는 걸쭉하고 흰자만 익었어요.

10분 뒤: 완전히 익은 달걀

노른자와 흰자 모두 단단해요.

서두를 필요 없잖아!

노른자도 마찬가지 과정을 거쳐 익어요. 흰자보다 시간이 조금 더 걸릴 뿐이지요.

달걀이 열을 받으면 액체에서 고체로 변한다는 사실을 알아냈어요. 참 잘했어요!

 # 빙글빙글 춤추는 달걀의 원리는?

두 손가락 끝으로 날달걀과 삶은 달걀을 빙그르르 돌려 보세요.

난 천천히 돌아가!

난 엄청 빨리 돌아가!

날달걀은 흰자랑 노른자가 모두 액체라서 **느리게** 돌아요.

삶은 달걀은 흰자와 노른자가 한 덩어리로 익어서 **빠르게** 빙글빙글 돌아요.

날달걀을 누르면 속에 있는 노른자와 흰자가 액체 상태로 계속 돌고 있어서 그 영향으로 껍데기도 계속 돌아가요. 이것을 **관성의 힘**이라고 해요.

하지만 **삶은 달걀**을 누르면 속의 노른자와 흰자가 한 덩어리의 고체가 되어 껍데기에 찰싹 붙어 있어서 달걀이 곧바로 회전을 멈추게 돼요.

• **관성의 힘**은 멈춰 있는 물체는 계속 멈춰 있으려 하고, 움직이는 물체는 계속 움직이려 하는 힘이에요.

와, 달걀 다루는 솜씨가 보통이 아니네요. 관성의 힘이 어떻게 작용하는지 알게 됐어요!

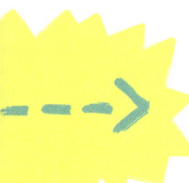

달걀을 식초에 담그면?

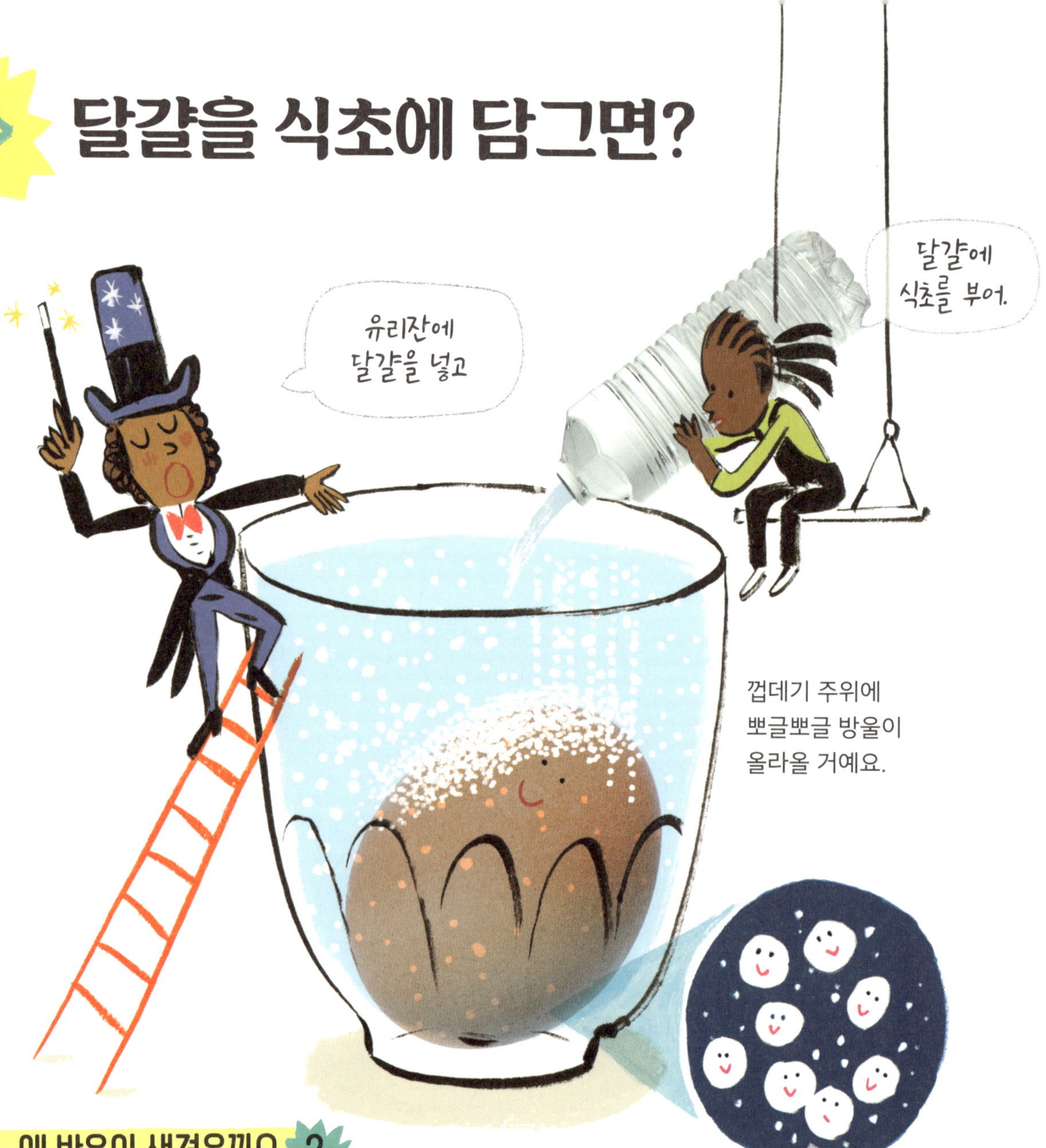

유리잔에
달걀을 넣고
달걀에
식초를 부어.
우린 이산화탄소라고 해.
기체로 된 방울들이지.

껍데기 주위에
뽀글뽀글 방울이
올라올 거예요.

왜 방울이 생겼을까요?

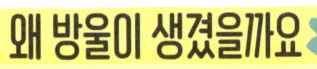

달걀 껍데기는 분필과 같은 **석회질**로 되어 있고 식초는 신맛이 나는 **산** 성분을 갖고 있어요. 산은 석회질을 갉아먹거나 녹이는 성질이 있지요. 석회질과 산이 만나면 이렇게 **화학 반응**이 일어나요. 그래서 **이산화탄소**라는 작은 방울이 생긴 거랍니다.

들썩들썩, 병 위에서 튀어 오르는 달걀

우묵한 그릇 1개, 유리병 1개, 반쯤 삶아 껍질을 벗긴 달걀 1개를 준비한 다음, 그릇에 유리병을 놓고 병 입구에 달걀을 얹어.

그런 다음 그릇에 뜨거운 물을 채워.

병 입구가 달걀보다 살짝 작아야 해요.

와! 달걀이 들썩들썩 움직이잖아?

왜 달걀이 들썩들썩 튀어 오를까요?

열을 받아 병 속 공기가 부풀어 오르기 때문이에요. 공기 속의 작은 알갱이들이 서로 멀리 떨어져서 더 많은 공간을 차지하면서 달걀을 밀어내요.

"찬물이 담긴 그릇에 달걀을 올린 병을 넣어 보자."

"신기해! 달걀이 병 속으로 쏙 들어갔어!"

작지만 알찬 지혜

달걀을 다시 꺼내고 싶다면 어른한테 부탁하세요. 병을 거꾸로 뒤집어 들고 뜨거운 물을 부으면 달걀이 쏙 빠져나와요.

왜 달걀이 병 속으로 들어갔을까요?

찬 기운을 받으면 병 속의 공기가 움츠러들기 때문이에요. 공기 속의 쪼그만 알갱이들이 서로 바짝 달라붙어서 공간을 덜 차지하게 되거든요. 달걀은 길쭉한 데다 탄력이 있으니 병 속으로 쑥 미끄러져 들어간답니다.

달걀 하나로 이렇게 중요한 사실을 발견하다니 대단하군요. 공기는 뜨거워지면 팽창하고 차가워지면 수축한다는 점을 여러분 스스로 증명했어요.

달걀노른자로 마요네즈 만들기

달걀노른자에 겨자 1작은술과 식초, 소금, 후추를 조금씩 넣고 잘 섞을게.

소금

후추

식초

달걀흰자는 다음 실험에 쓸 테니 잘 보관해 둬.

달걀노른자

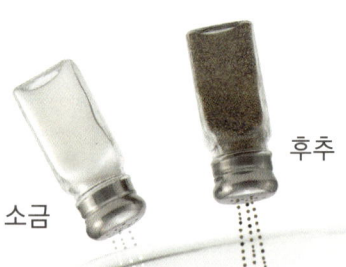

달걀은 냉장고에서 막 꺼낸 찬 달걀보다는 실온에 둔 달걀을 쓰세요.

겨자

작지만 알찬 지혜

흰자와 노른자 쉽게 분리하기!

 1. 접시에 달걀 1개를 깬 다음, 빈 페트병을 손으로 꽉 쥐어 공기를 빼내세요.

 2. 병 입구를 노른자에 갖다 대고 움켜쥔 손을 살며시 놓으세요. 노른자가 병 속으로 빨려 들어올 거예요.

 3. 접시에 병 입구를 갖다 대고 병을 다시 움켜쥐세요. 노른자만 쏙 빠져나올 거예요.

물과 기름 사이에 무슨 일이 일어날까요?

보통 물과 기름을 섞으면 기름이 물 위에 둥둥 떠요.
이처럼 물과 기름이 하나로 합쳐지지 않고 겉도는 현상을
'불안정한 유화'라고 해요.

하지만 마요네즈를 만들 때는
물과 기름이 잘 합쳐져 '안정적인
유화'가 일어나요.
달걀노른자 속의 작은 알갱이들이
물(식초, 겨자, 노른자 속의 물)과
기름을 고루 섞어 주기 때문이에요.

• 유화(乳化)란 물과 기름이 하나로 합쳐져
우유처럼 변한다는 뜻이에요. 우유에는 물과
기름이 모두 있지만 이 둘을 혼합해 주는
단백질도 있어서 다른 물질의 도움 없이도
물과 기름이 잘 섞여 있거든요.

대단해요!
'유화의 원리'도 그리 어렵지 않죠?

달걀흰자로 머랭 치기

달걀흰자를 거품기로 세차게 휘저어 봐. 몽실몽실 부풀어 오를 거야!

달걀흰자를 휘저으면 어떻게 될까요?

달걀 흰자를 휘저으면 주변의 공기 방울이 흰자 속으로 들어가 자리를 넓게 차지하면서 **봉긋 부풀어 올라요!**

여기 엄청 좋아!

계속 휘저어 주면 공기 방울이 점점 작아져요. 흰자는 점점 **단단해져서** 들어온 공기 방울이 도망가지 못하게 꽉 가둬 놓아요.

작지만 알찬 지혜

달걀흰자에 설탕을 넣고 거품기로 저어 거품을 내요. 그런 다음 작은 뿔 모양으로 떠내 오븐에 구워요. 그러면 흰자에서 수분이 날아가면서 점차 단단해져 맛있는 머랭 쿠키가 된답니다!

과학의 세계는 알면 알수록 놀라워요! 이번엔 장력(張力)이 어떤 역할을 하는지 실험해 봤어요. 장력은 흰자가 공기 방울을 바짝 끌어당겨 꼭 붙잡고 있는 힘이랍니다.